हृषीकेश सुलभ

हृषीकेश सुलभ का जन्म 15 फरवरी, 1955 को बिहार के छपरा (अब सीवान) जनपद के लहेजी नामक गाँव में हुआ। आरम्भिक शिक्षा गाँव में हुई और अपने गाँव के रंगमंच से ही उन्होंने रंग-संस्कार ग्रहण किया। उनकी कहानियाँ विभिन्न पत्र-पत्रिकाओं में प्रकाशित और अंग्रेज़ी सहित विभिन्न भारतीय भाषाओं में अनूदित हो चुकी हैं।

रंगमंच से गहरे जुड़ाव के कारण वे कथा-लेखन के साथ-साथ नाट्य-लेखन की ओर उन्मुख हुए और भिखारी ठाकुर की प्रसिद्ध नाट्यशैली बिदेसिया की रंगयुक्तियों का आधुनिक हिन्दी रंगमंच के लिए पहली बार अपने नाट्यालेखों में सृजनात्मक प्रयोग किया। विगत कुछ वर्षों से वे कथादेश मासिक में रंगमंच पर नियमित लेखन कर रहे हैं।

उनकी प्रकाशित कृतियाँ हैं—'अग्निलीक', 'दाता पीर' (उपन्यास); 'तूती की आवाज़' ('पथरकट', 'वधस्थल से छलाँग' और 'बँधा है काल' एक जिल्द में शामिल), 'वसंत के हत्यारे', 'हलन्त' (कहानी-संग्रह); 'प्रतिनिधि कहानियाँ' (चयन); 'अमली', 'बटोही', 'धरती आबा' (नाटक); 'माटीगाड़ी' (शूद्रक रचित 'मृच्छकटिकम्' की पुनर्रचना), 'मैला आँचल' (फणीश्वरनाथ रेणु के उपन्यास का नाट्यान्तर), 'दालिया' (रवीन्द्रनाथ टैगोर की कहानी पर आधारित नाटक); 'रंगमंच का जनतंत्र' और 'रंग-अरंग' (नाट्य-चिन्तन); 'संगरंग' (सम्पादन)।

सम्पर्क : पीरमुहानी, मुस्लिम क़ब्रिस्तान के पास, कदमकुआँ, पटना–800 003

ई-मेल : hrishikesh.sulabh@gmail.com

दालिया

[रवीन्द्रनाथ ठाकुर की कहानी पर आधारित नाटक]

हृषीकेश सुलभ

राजकमल पेपरबैक्स

पहला पुस्तकालय संस्करण
राजकमल प्रकाशन प्राइवेट लिमिटेड द्वारा
2014 में प्रकाशित

राजकमल पेपरबैक्स में
पहला संस्करण : 2023

राजकमल पेपरबैक्स : उत्कृष्ट साहित्य के जनसुलभ संस्करण

राजकमल प्रकाशन प्रा.लि.
1-बी, नेताजी सुभाष मार्ग, दरियागंज
नई दिल्ली-110 002
द्वारा प्रकाशित

शाखाएँ : अशोक राजपथ, साइंस कॉलेज के सामने, पटना-800 006
पहली मंजिल, दरबारी बिल्डिंग, महात्मा गांधी मार्ग, प्रयागराज-211 001
1, अनमोल सोराबजी संतुक लेन, धोबी तलाव, मरीन लाइंस, मुम्बई-400 002
वेबसाइट : www.rajkamalprakashan.com
ई-मेल : info@rajkamalprakashan.com

बी.के. ऑफसेट
नवीन शाहदरा, दिल्ली-110 032
द्वारा मुद्रित

मूल्य : ₹150

DAALIA
Play by Hrishikesh Sulabh

ISBN : 978-81-19835-01-0

वसुन्धरा
और
वल्लरी के लिए

स्वगत

दालिया एक प्रेमकथा है। युद्ध, हिंसा-प्रतिहिंसा, सत्ता के मद, राजनीति के घातों-प्रतिघातों के बीच यहाँ प्रेम अंकुरित होता है। इस प्रेम की निष्कलुषता और पवित्रता में तपकर मनुष्य का अहं पिघलता है और मानवीय संवेदनाओं में ढलकर जीवन को नए अर्थ देता है। जो नैसर्गिक भावनाएँ और संवेदनाएँ जीवन की यात्रा में छूट जाती हैं या नष्ट हो जाती हैं, वे हमारे भावी जीवन के गर्भ में अपना बीज छोड़ जाती हैं। मैंने रवीन्द्रनाथ टैगोर की कथा 'दालिया' के माध्यम से इस नाटक में ऐसे ही बीजों के अंकुरण का दृश्य-काव्य रचने का प्रयास किया है। यहाँ प्रकृति है, और है प्रकृति से मनुष्य के गहन और आत्मीय सम्बन्ध की रूप-छवियाँ। यह नाटक गहन एकान्त के बीच भीड़ के कलरव और भीड़ के बीच एकान्त की नीरवता की तलाश है। यहाँ इतिहास पारम्परिक रूप में उपस्थित नहीं है। यहाँ इतिहास के पगचिह्न हैं और इन्हीं पगचिह्नों के सहारे नाटक के चरित्र अपनी यात्रा पर निकलते हैं। कहानी में जो प्रकट है, उससे इतर जो

प्रच्छन्न है, वही इस नाटक का केन्द्रीय कथ्य बनता है। मेरा प्रयास रहा है कि इसकी भाषिक संरचना इसके कथ्य को काव्यात्मक विस्तार दे सके। और साथ ही इसकी संरचना में ऐसी लोच-लचक हो कि निर्देशक और अभिनेता को पर्याप्त स्पेस मिले ताकि वे अपने समय और समाज की प्रतिध्वनियाँ रच सकें और जीवन की नई अर्थछवियाँ उकेर सकें।

सह-निर्देशक प्रवीण कुमार गुंजन सहित निर्माण कला मंच के रंगकर्मी साथियों और निर्देशक संजय उपाध्याय ने बहुत कम समय में दालिया की प्रस्तुति को तैयार किया। मंचन की सफलता में उनकी प्रतिभा के साथ-साथ उनकी रंगनिष्ठा का भारी योगदान रहा है। मैं इन तमाम साथियों के प्रति आभार प्रकट करता हूँ। राजकमल प्रकाशन समूह के प्रबन्ध निदेशक श्री अशोक महेश्वरी मेरी रचनाशीलता के प्रति हमेशा आत्मीय भाव से उत्सुक रहे हैं। उनका आभारी हूँ।

–हृषीकेश सुलभ

निर्देशकीय

दालिया के मंचन की योजना लगभग डेढ़ साल पहले 2010 में ही बनी थी। नाटककार हृषीकेश सुलभ ने स्वयं इस कथा का चयन किया था। नाटक लिखा जाना किन्हीं कारणों से टलता रहा। नाट्य की सम्भावनाओं से भरी यह कहानी जब नाट्यालेख में ढलकर नए रूप में सामने आई, इसके मंचन का उत्साह दुगना हो गया। पर समय बहुत कम था और पटना में टैगोर थियेटर फ़ेस्टिवल की तिथियाँ निर्धारित हो चुकी थीं। मैं उन दिनों म.प्र. नाट्य विद्यालय, भोपाल के अपने दायित्वों के निर्वहन में व्यस्त था। संयोगवश रानावि के स्नातक और युवा रंगकर्मी प्रवीण कुमार गुंजन भोपाल में ही थे। गुंजन के साथ नाट्यालेख पर लम्बी चर्चा हुई और दालिया की प्रस्तुति संरचना पर विचार-विमर्श हुआ। स्वयं गुंजन इस नाट्यालेख की प्रस्तुति को लेकर बेहद उत्साहित थे और उन्होंने मेरी अनुपस्थिति में पटना में रहकर नाटक की तैयारी का दायित्व स्वीकार किया। तैयारी के अन्तिम दौर में मैं पटना पहुँचा और संगीत सहित नाटक के अन्य

पक्षों पर हम दोनों ने मिलकर एक साथ काम किया। अनुजवत् प्रवीण कुमार गुंजन ने बहुत लगन और कल्पनाशीलता के साथ प्रस्तुति को आकार दिया। मुझे यह स्वीकार करते हुए तनिक भी संकोच नहीं कि इस प्रस्तुति की मेरी मूल कल्पना को साकार करने का श्रेय गुंजन को ही जाता है। उन्हें भविष्य के लिए शुभकामनाएँ। मैं अपने नाट्यदल निर्माण कला मंच के साथियों का भी शुक्रगुज़ार हूँ कि सब निष्ठा के साथ इस प्रस्तुति से जुड़े रहे।

हृषीकेश सुलभ ने अपने नाट्यालेख में दालिया के भीतर छिपे प्रेम को विस्तार दिया है। काव्य-संवेदना से भरी उनकी भाषा इस नाटक में अभिनेताओं के लिए चुनौतियाँ प्रस्तुत करती है। यह नाटक ऊपर से शान्त, पर भीतर गतियों से भरा हुआ है। इस नाट्यालेख के लिए मैं उनका भी आभारी हूँ।

–संजय उपाध्याय

दालिया

निर्माण कला मंच, पटना द्वारा दालिया के प्रथम मंचन के कुछ दृश्य

मंच पर

युवक – शुभ्रो भट्टाचार्या

बूढ़ा मछुआरा – सुमन कुमार

अमीना – एनाक्षी डे वश्विास

दालिया – मानवेन्द्र त्रिपाठी

रहमत शेख – सन्तोषमेहरा

जुलेखा – शारदा सिंह

राजदूत – कुणाल कौशल शुक्ला

दूत – शुभ्रो भट्टाचार्या

नेपथ्य

हारमोनियम – मो. जानी

तबला – राजेश रंजन

ढोलक / नाल – एस. के. टुन्नी

वायलिन – विजय कुमार

मंच प्रबन्ध – अंजारुल हक़

मंच सामग्री – पप्पू ठाकुर

मंच परिकल्पना – मानवेन्द्र त्रिपाठी

मंच निर्माण – प्रबोध

प्रकाश – बिज्येन्द्र टाँक

प्रस्तुति प्रबन्धन – डॉ. शैलेन्द्र

सह निर्देशक – प्रवीण कुमार गुंजन

संगीत एवं निर्देशन – संजय उपाध्याय

प्रथम मंचन – 23 सितम्बर, 2011, कालिदास रंगालय, टैगोर नेशनल थियेटर फ़ेस्टिवल, पटना

प्रस्तुति – निर्माण कला मंच, पटना

(मंच पर एक प्रकाशवृत्त उभरता है। प्रकाशवृत्त में रवीन्द्रनाथ की कहानियों की पुस्तक लिये सामान्य वेशभूषा में एक युवक खड़ा है। वह पुस्तक के पन्ने पलटता है और दर्शकों से बातचीत आरम्भ करता है।)

युवक : गुणीजनो! शोभाजनो! नमस्कार। आप सब का स्वागत है। आज जो आप देखने जा रहे हैं, उसका बीज हमने कविगुरु रवीन्द्रनाथ ठाकुर की कहानी से चुना है। कहानी सुनने-सुनाने की आदिम कला है। अगर इसे देखना-दिखाना हो तो बहुत सारे तामझाम करने पड़ते हैं। हाँ तो गुणीजनो, हमारे इस नाटक की खिड़कियाँ-दरवाज़े इतिहास के आँगन में खुलते हैं। हमारा इतिहास राजाओं-रानियों से भरा हुआ है।

किसिम-किसिम के राजा और रानी। कोई कलाप्रेमी, तो कोई हत्यारा; कोई युद्धपिपासु, तो कोई नपुंसक;...कोई...छोड़िए इस पचड़े को। आप कहेंगे-भाई, राजाओं-रानियों के दिन कब के लद गए। इस दौर में भला उनका क्या काम! सही है। इस दौर में उस इतिहास को लेकर चाटने से क्या लाभ जिसमें आम आदमी ही न हो। आक्रमण, हत्याएँ, लूट, छल-प्रपंच से भरे इस इतिहास में आख़िर मिलेगा क्या कि हम उसमें उतरें!...पर गुणीजनो, कविगुरु ने इतिहास के जिस प्रसंग को चुना है, उसमें तमाम विपरीत परिस्थितियों के बीच प्रेम उपजता है। उन्होंने उस प्रेम को खोजा और रचा, जो अराजकता, हिंसा और घृणा के बीच जीवन की रक्षा करता है।...आपने शाहसुजा का नाम सुना होगा। औरंगज़ेब का भाई। दोनों में सत्ता पर अधिकार को लेकर युद्ध हुआ। पराजित शाहसुजा ने औरंगज़ेब के भय से भागकर आराकान राज्य में आश्रय लिया। उसके साथ थीं उसकी तीन सुन्दर बेटियाँ। रूप की धनी थीं वे। रूप ऐसा, मानो जन्नत की परियाँ

हों। आराकान के राजा की इच्छा हुई, राजपुत्रों के साथ उनका विवाह कर दें। उसने शाहसुजा के सामने अपने बेटों से उनके विवाह का प्रस्ताव रखा। शाहसुजा ने प्रस्ताव ठुकरा दिया। आराकान के राजा को यह बात नागवार गुज़री। उसने षड्यंत्र रचा। नौकाविहार करते शाहसुजा को छलपूर्वक नदी में डुबो देने के प्रयास हुए। मुसीबत की इस घड़ी में शाहसुजा की बड़ी बेटी ने आत्महत्या कर ली। एक भरोसेमन्द कर्मचारी रहमत अली दूसरी बेटी जुलेखा को साथ लेकर तैरते हुए भाग निकला। तीसरी और प्यारी अमीना को ख़ुद शाहसुजा ने नदी में फेंक दिया। दैवयोग। नदी की तेज़ धारा में बहती अमीना एक बूढ़े मछुआरे के जाल में फँसी और उसकी ज़िन्दगी को सहारा मिला।...

(मंच के एक भाग में नीला प्रकाश। बहती हुई नदी में जाल खींचता बूढ़ा मछुआरा दिखता है। मंच-पार्श्व से गीत का स्वर उभरता है।)

भादो भयावन गरजे घहराए
बहती नदिया नैया जाए
सुख-दुख दो हैं छोर
रे भाई, जाने कब हो भोर
मछुआरे ने जाल फेंका
कोई न जाने करम का लेखा
ना मछरी, ना मूँगा-मोती
जाल फँसी एक अजगुत जोती
रूप अनूठा, रंग है सोना
सच है, या है जादू-टोना
भीगे नयन के कोर
रे भाई, नदिया किनारे भोर

(बूढ़ा मछुआरा जाल में फँसी अमीना को बाहर निकालता है। उसका उपचार करता है और साथ लेकर चला जाता है। मंच के दूसरे भाग में प्रकाश! अमीना बैठी है। बूढ़ा मछुआरा जाल सुलझा रहा है।)

मछुआरा : कब तक बैठी आँसू बहाती रहेगी?...मैं यह समझ नहीं पा रहा कि तुमने नदी में छलाँग क्यों लगाई?...तुम मरना क्यों चाहती

थी?...क्या दुख था तुझे जो मरने के लिए कूद पड़ी नदी में?...अपने माँ-बाप के बारे में नहीं सोचा तुमने। कैसा लग रहा होगा उन्हें! एक सन्तान को पैदा करने और पालने-पोसने में कितना कुछ करना पड़ता है...

अमीना : तुम चुप नहीं रह सकते?...जब देखो तब बोलते ही रहते हो...बकबक करते रहते हो।

मछुआरा : भला चुप क्यों रहूँ मैं?...तेवर तो देखो इस लड़की के...ऐसी नकचढ़ी है, मानो राजकुमारी हो कहीं की।

अमीना : हाँ, राजकुमारी ही हूँ मैं। भिखारिन नहीं समझना मुझे।

मछुआरा : तिन्नी !...

अमीना : मत पुकारो मुझे तिन्नी।...मुझे अच्छा नहीं लगता यह नाम। तिन्नी-बिन्नी...

मछुआरा : नहीं। मैं तुझे इसी नाम से पुकारूँगा। लड़की, अब यही है तेरा नाम। समझी तू?...मैं नहीं चाहता कि किसी को यह पता चले कि तुम दूसरे देश से आई हो। अगर यह ख़बर राजा तक पहुँच गई तो जाने कौन सी मुसीबत आ गिरे कपार

पर। कौन झेलेगा मुसीबत? बता...। इस बुढ़ापे में मैं तेरे चलते राजा का कोप नहीं झेलनेवाला।

अमीना : राजा तुम्हें क्यों मारेगा भला?...तुम सोने की मुहरें लो और...

मछुआरा : और...? और क्या?...सुनो, तुम्हें मेरी हर बात माननी होगी। मैं ही नहीं, सब तुम्हें अब तिन्नी ही पुकारेंगे। तुम्हें नदी से छानकर लाया हूँ मैं। तुम्हें ज़िन्दगी दी है मैंने। अब तुम मेरी हो...मेरी।...तुम क्या समझोगी सन्तान का दर्द! कोई पूछे मुझ निःसन्तान से। मुझ बूढ़े ने पूरी उम्र काट दी एक सन्तान के इन्तज़ार में...और अब तुम मिली हो मुझे।

अमीना : हाँ बूढ़े...हाँ। समझ रही हूँ। अब मेरा नसीब तुम्हारे साथ जुड़ गया है।

मछुआरा : बाबा नहीं पुकार सकती मुझे?... बाबा...

अमीना : नहीं।

मछुआरा : क्यों?...क्यों नहीं पुकार सकती?

अमीना : पर तुम्हें मेरी हर बात माननी होगी।

मछुआरा : मानूँगा...मानूँगा तेरी हर बात। पुकार तो सही।

अमीना : बाबा...बाबा...

(स्वप्निल प्रकाशवृत्त में अमीना। अमीना गाती है।)

अमीना : बाबा-बाबा, बाबा पुकारूँ
वन की हिरन बन बाबा पुकारूँ
लाख मनाऊँ मनवा न माने
मन की अगन मोहे पल-छिन जारे
बाबा की सूरत नयना छाए
जब देखूँ मोरे बाबा ठाड़े
केहि विधि मैं बाबा को पाऊँ
वन की हिरन बन बाबा पुकारूँ
बाबा-बाबा, बाबा पुकारूँ

मछुआरा : तिन्नी...मेरी बेटी, समझ सकता हूँ तेरे मन का दुख...तुमने जो दुख झेले हैं, वह सबके बूते की बात नहीं। तू धीरज मत खो बेटी। एक दिन आएगा जब दुख विदा हो जाएँगे। तेरी जिनगी में सुख होगा। तेरी आँखों में आँसू के बदले सपने होंगे और उन सपनों के पंख होंगे...

अमीना : बाबा, अब क्या खोना और क्या पाना...! धीरज ही तो जिलाए हुए है। मेरे लिए

अब सुख का मतलब बदल गया है बाबा। मेरे सपने भी बदल चुके हैं।

मछुआरा : हाँ बेटी, हादसे सुख-दुख दोनों का मतलब बदल ही देते हैं। सपने भी बदल जाते हैं। पता नहीं क्या हुआ तेरे साथ?...पर जो भी हादसा हुआ अब उसे बिसार कर ही जीना होगा।

अमीना : इतना आसान नहीं है बिसार देना।

मछुआरा : समय भरेगा सारे घाव। भरोसा रख अपने आप पर...समय पर और अपने इस बूढ़े बाबा पर।...

(प्रकाश सिमटता है। समूह-स्वर में गायन आरम्भ होता है। एक प्रकाशवृत्त में अमीना चूल्हे में आग जलाती और खाना पकाने का उपक्रम करती हुई और कभी जाल सुखाती-सहेजती हुई दिखती है।)

समूह-स्वर : करम का लेखा लिये भटकती
बादशाह की बेटी
ना कोई चाकर
ना कोई बाँदी

दालिया

शाहजहाँ की पोती
आग जलाए
चूल्हा फूँके
और पकाए रोटी
बादशाह की बेटी
जाल सुखाए
जाल सहेजे
अँसुवन धार रोती
बादशाह की बेटी

(धुन बदलती है। मंच पर दालिया सस्वर पुकारते हुए नृत्य की मुद्राओं के साथ प्रवेश करता है।)

दालिया : तिन्नी – तिन्नी
तिन्नी – तिन्नी

(कोरस दल दालिया का साथ देते हुए गाता है।)

समूह-स्वर : तिन्नी – तिन्नी, तिन्नी – तिन्नी
तिन्नी – तिन्नी, तिन्नी – तिन्नी

(कोरस दल से एक अभिनेता बाहर निकलता है और दालिया से संवाद

करता है। कोरस उसका गायन में साथ देता है।)

अभिनेता : कौन देश से आया भाई
कौन देश से आया

दालिया : नदी पार है जंगल
उस जंगल में गाँव निराला
उसी गाँव से आया भाई
उसी गाँव से आया

अभिनेता और कोरस : वन का हिरना
चंचल हिरना
कौन इसे ले आया भाई
कौन इसे ले आया

मछुआरा : *(प्रवेश करते हुए।)*
मैं मछुआरा मछरी लाने
नदी गया था
पीछे–पीछे आया भाई
हिरना पीछे आया

(अमीना प्रवेश करती है। सब उसे घेरकर गाते हैं।)

समूह-स्वर : तिन्नी – तिन्नी, तिन्नी – तिन्नी

दालिया

तिन्नी - तिन्नी, तिन्नी - तिन्नी

(दालिया को छोड़कर सब गाते हुए मंच से चले जाते हैं।)

अमीना : तू क्यों मेरे पीछे पड़ा हुआ है? चल, भाग यहाँ से...

दालिया : मैं तेरे पीछे नहीं पड़ा...तू मुझे बिना बात के सताती है। जब आता हूँ, काम का बोझ लाद देती है मेरे माथ पर।

अमीना : न कौड़ी का न काम का।...बड़ा काम करनेवाला बना है! किसी लायक़ नहीं तू। कोई काम ठीक से नहीं करता और चला है कामकाजी बनने।

दालिया : ठीक से नहीं करता, तो क्यों करवाती हो इतना काम?...दालिया लकड़ी ला दे... दालिया, पानी ला दे,...दालिया फूल ला दे, हार गूँथना है।...दालिया ये कर दे...वो कर दे...जब देखो तब दालिया--दालिया पुकारती रहती हो और...

अमीना : और?...और क्या...?

दालिया : और...और मुझे खाने के लिए मछरी भी नहीं देती। सोने की मुहरें भी ले लेती हो,...काम भी करवाती हो और...

अमीना : और?...हाँ और क्या?...बता, और क्या?

दालिया : *(सकुचाते हुए।)* और मुझे प्यार भी नहीं करती।

अमीना : बुद्धू कहीं का! इसी को तो प्यार कहते हैं।

दालिया : किसे कहते हैं प्यार?

अमीना : इसी को...मतलब, तू जो मेरी मदद करता है...मेरे लिए इतनी भाग-दौड़ करता है,...मुझे सोने की मुहरें लाकर देता है।

दालिया : इसी को प्यार कहते हैं?

अमीना : हाँ रे, इसे ही प्यार कहते हैं। तू बता, अगर तू प्यार नहीं करता, तो भला मेरे लिए इतना क्यों करता? बोल...बता...

दालिया : हाँ, सो तो है।...

अमीना : दालिया, एक बात बताएगा? सच-सच बताना।

दालिया : पूछो।

अमीना : तू ये सोने की मुहरें कहाँ से लाता है?...चोरी करता है?

दालिया : नहीं, चोरी नहीं करता।

अमीना : तो फिर?

दालिया : मेरे पास हैं।...बहुत सारे हैं। मेरे दादा को नदी में मिले थे।

अमीना : चल झूठा...नदी में भला सोने की मुहरें मिलती हैं!

दालिया : क्यों नहीं मिलतीं...मिलती हैं। अच्छा तू बता,...नदी में लड़की मिलती है?

अमीना : हाँ। मिलती है।

दालिया : जब नदी में लड़की मिल सकती है, तो भला सोने की मुहरें क्यों नहीं मिल सकतीं? बता...

अमीना : बहुत समझदार है तू।

दालिया : हाँ, मेरी माँ कहती है कि मैं बहुत सयाना हूँ और मेरी शादी किसी राजकुमारी से होगी।

अमीना : अच्छा...ऐसा?

दालिया : हाँ, ऐसा ही कहती है मेरी माँ।

अमीना : तो चल, भाग यहाँ से...जा...उसी राजकुमारी के पास जा...

(अमीना उसे भगाती है। मारने दौड़ती है। दालिया भागता है। भागते हुए एक सोने की मुहर उछालता है।)

दालिया : तूने मुझे मारा...भगाया...इसीलिए एक दी है। मैं तो तुझे देने के लिए दो मुहरें लाया था।

अमीना : नहीं चाहिए मुझे तेरी मुहरें...

(दालिया मंच से बाहर चला जाता है।)

नहीं चाहिए मुझे मुहरें...लालची नहीं हूँ मैं...मैं तो इन्हें अपने इस बूढ़े बाबा के लिए तुमसे वसूलती हूँ दालिया।...मैं भला क्या करूँगी इन मुहरों का!...मैं अपने पिता के ख़ज़ाने में मुहरों की ढेर पर खेलती रही हूँ।...

(प्रकाश सिमटता है। मंच का दूसरा भाग दीप्त होता है। नदी तट। तट पर नाव। नाव पर अपने हाथों में पतवार लिये बूढ़ा रहमत शेख और युवती जुलेखा सवार हैं। युवती उतरती है। मंच दीप्त होते ही समूह-स्वर में गायन आरम्भ होता है और युवती के उतरने का नाट्य चलने तक जारी रहता है।)

समूह-स्वर : अभी डूबा है भोर का तारा
वही नदी है वही किनारा

किसकी नैया कौन सवारी
कौन बना है खेवनहारा
दर–दर भटकें रहमत शेख
पल–पल छिन–छिन बदलें भेख
वनपाखी–सी भटक रही है
साथ जुलेखा बदल के भेख
बड़ी जतन से मिला ठिकाना
वही नदी है वही किनारा

(गायन रुकता है। रहमत शेख नाव से उतरकर जुलेखा के पास आता है।)

रहमत शेख : वो सामने दिख रही है झोपड़ी।...वही है बूढ़े मछुआरे का घर। वहीं रहती है हमारी प्यारी बिटिया,...तुम्हारी बहन अमीना।

जुलेखा : जाने कैसे रहती होगी मेरी प्यारी–सी जान! कैसे गुज़ारती होगी अपनी ज़िन्दगी के दिन!

रहमत शेख : बेटी, अल्लाह का करम कि उसने ज़िन्दगी बख़्श दी। बादशाह हुज़ूर ने तो उसे दरिया के हवाले कर दिया था। उस समय ख़्वाब में भी किसी ने नहीं सोचा होगा कि ये दरिया ही अमीना की हिफ़ाज़त करेगा...

इसके पानी की हर बूँद ख़ुदा का नूर बनकर लिपटी होगी हमारी प्यारी अमीना से।

जुलेखा : रहमत काका!

रहमत शेख : हाँ बेटी, सब उसका ही रहम-ओ-करम है, वर्ना ये उमड़ता दरिया और इसका बेलगाम पानी...। तुम्हारे साथ तो मैं था। दुश्मनों से तुम्हारी हिफ़ाज़त के लिए साये की तरह,...हाथ में शमशीर लिये। पर नाज़ुक-सी जान अमीना तो अकेली थी,... बिना किसी सहारे के। ये हमारी क़िस्मत थी कि अमीना मछुआरे के जाल में जा फँसी। मछुआरा भी नेकदिल निकला। बेऔलाद है वह, सो अमीना से अपनी औलाद की तरह मुहब्बत करता है।

जुलेखा : जाने किस हाल में होगी मेरी बहन!

रहमत शेख : जुलेखा, मेरी बेटी।...होशियारी से रहना। शाहज़ादियों वाले तेवर ढीले रखना। मछुआरे को शुबहा न हो कि...और ख़याल रहे कि भूलकर भी मेरा ज़िक्र न हो। वक़्त का इन्तज़ार करना। मेरी ओर से मिलनेवाली हर ख़बर को जान से भी ज़्यादा तवज़्जह देना और उसे पोशीदा रखना।

जुलेखा : रहमत काका,...तुम नहीं चलोगे अमीना से मिलने?

रहमत शेख : नहीं जुलेखा। वक़्त नहीं है। मेरा जाना ज़रूरी है। वक़्त रहते राजा के दरबार में मेरी हाज़िरी ज़रूरी है। हमने बहुत मुसीबतें झेली हैं। अब और नहीं। बड़ी मुश्किलों से राजा के दरबार में नौकरी मिली है। हमें इस मौक़े का फ़ायदा उठाना है। मुँह अँधेरे, रोशनी होने से पहले निकल जाना बेहतर होगा। कोई देख न ले! मैं रुका और अगर किसी ने देख लिया तो मुसीबत होगी।...जाओ बेटी, जाओ...ख़ुदा हाफ़िज़।

जुलेखा : ख़ुदा हाफ़िज़।

(जुलेखा विदा लेती है। रहमत शेख नाव लेकर चला जाता है। युवक मंच पर गाते हुए आता है।)

युवक : *ये फुल न फुटिते झरेछे धरणीते*
ये नदी मरुपथे हारालो धारा।
जनि हे जानि ताओ हय नि हारा!

प्रकृति की अनूठी लीला।...यहाँ कुछ भी नहीं खोता। कुछ फूल खिलने से पहले ही पृथ्वी पर झड़ जाते हैं...कुछ नदियाँ मरुभूमि

तक जाकर अपनी धारा खो देती हैं। पर क्या वे सचमुच नष्ट हो जाती हैं? जो फूल खिलने से पहले धरती पर गिरा, चलिए खोजें उसकी सुगन्ध,...जो नदी मरुभूमि में खो गई, आइए देखें उसका जलप्रलय। कविगुरु अपनी कहानी में लिखते हैं–छोटी सी नदी बहती जा रही थी और प्रथम ग्रीष्म की शीतल प्रभात वायु में कैलू वृक्ष के रक्तिम पुष्प–मंजरी से फूल झर रहे थे।

ये फुल न फुटिते झरेछे धरणीते
ये नदी मरुपथे हारालो धारा।
जनि हे जानि ताओ हय नि हारा!

(युवक गाते हुए मंच से चला जाता है। मंच पर प्रकाश फैलता है। मछुआरे का आँगन। एक वृक्ष के नीचे जुलेखा बैठी है। अमीना जाल सहेजती हुई उससे बातें कर रही है।)

जुलेखा : क्या तुझे मालूम है कि ख़ुदा ने मौत के हाथों से हम दोनों बहनों की हिफ़ाज़त क्यों की?

अमीना : मैं तो अपने ही बच जाने पर हैरत में थी। तुम्हें ज़िन्दा देखकर तो मेरी आँखें ही फटी रह गईं। हैरत में हूँ...। समझ नहीं पा रही हूँ कि कैसे उसका शुक्रिया अदा करूँ! जंग में हारने के बाद हिन्दुस्तान से भागते हुए केवल मौत का तसव्वुर ही था हमारे लिए। यहाँ, आराकान पहुँचने के बाद भी ज़िन्दगी सहल नहीं थी। हर घड़ी सिर पर मौत का साया। हमारी जवानी और हुस्न को नोच खाने के लिए गिद्धों-बाज़ों की तरह मँडराती हुई वहशी आँखें। उफ़!

जुलेखा : अमीना, ऊपरवाले ने हमें मौत से बचाया है और ज़िन्दगी दी है कि हम अपने बाप की मौत का बदला ले सकें। बदला...बदला...और सिर्फ़ बदला। मुझे और तो कोई दूसरी वजह दिखाई नहीं देती।

अमीना : बहन...

जुलेखा : क्या हुआ डर गई ?

अमीना : नहीं, डरी नहीं।...पर मैं अब उन दिनों को याद नहीं करना चाहती। तू भी अब वे सारी बातें न बोल बहन। मरना चाहें तो

मर्द लोग मार-काट करें,...मरें। मुझे अब यहाँ कोई दु:ख नहीं है। मुझे अब ये दुनिया अच्छी लगने लगी है।...ये नदी...ये कैलू का पेड़...इस पर खिले ये लाल फूल;...अब ये सब मुझे अच्छे लगते हैं। जानती है बहन, जब ये बूढ़ा मछुआरा मुझे बेटी-बेटी पुकारता है, इसकी आवाज़ अब्बा हुज़ूर की आवाज़ में बदल जाती है। यह सामने जो नदी बह रही है, मैं इसकी लहरों का संगीत सुनती हूँ। यह मेरी पुकार सुनती है और मैं इसकी आवाज़ पर दौड़कर इसके किनारे चली जाती हूँ।

जुलेखा : तेरा दिमाग़ फिर गया है। तू पागल हो गई है। लगता है बूढ़े ने कोई जादू-टोना कर दिया है। इस मुल्क के लोग जादू करने में माहिर होते हैं।

अमीना : हाँ, मुझे भी जादू की तरह ही लगता है सबकुछ...इस नदी के पेट से कभी सूरज को निकलते देख...इस कैलू के पेड़ पर खिले लाल फूलों की महक को अपनी साँस में भर...मेरे बूढ़े मछुआरे बाबा को नाव खेते हुए उस लाल सूरज के गोले

की ओर सुबह-सुबह जाते, और साँझ होते ही उसी गोले से बाहर निकलकर आते हुए देख..., फिर तू समझ सकेगी इस जादू को। मेरी बहन, क्या तू कभी रात के अँधियारे में जलपंडुक की आवाज़ सुनकर चिहुँकी है?...नींद से जगी है?...नदी के उस पार के घने जंगल से आधी रात में आती, अपने बिछुड़े हुए साथी को पुकारती हिरनी की आवाज़ को मैं अक्सर सुनती हूँ...और मेरा जी करता कि मैं भी ज़ोर-ज़ोर से किसी को पुकारूँ। जब इस नदी में साँझ का सूरज डूबता है, मेरा जी करता है, मैं नदी की लाल सतह पर नाचूँ।...और तब तक नाचती रहूँ, जब तक सवेरा न हो जाए।...बहन, ये ज़िन्दगी...ये झोपड़ी अब मेरे लिए जन्नत है।

जुलेखा : छिः छिः अमीना! कैसी वाहियात बातें कर रही है तू! एक शाहंशाह की बेटी है तू। शाही ख़ानदान की औलाद होकर ऐसी फालतू बातें सोचती है। कहाँ दिल्ली का तख़्त, और कहाँ आराकान के इस बूढ़े मछुआरे की झोपड़ी!

अमीना : हाँ, कहाँ दिल्ली का तख़्त, और कहाँ आराकान के इस बूढ़े मछुआरे की झोपड़ी!... पर मेरी बहन, अगर किसी लड़की को दिल्ली के तख़्त के बदले आराकान के इस बूढ़े मछुआरे की झोपड़ी अधिक अच्छी लगने लगे, इससे दिल्ली के तख़्त को क्या फ़र्क़ पड़ेगा?...क्या एक बूँद आँसू भी बहाएगा दिल्ली का तख़्त?...नहीं।

जुलेखा : तेरा गुस्सा जायज़ है। समझ सकती हूँ मैं तेरे मन का दुःख। दिल्ली के तख़्त ने हमसे हमारी ख़ुशियाँ छीन लीं। हम दर-ब-दर भटकने को बेबस हुए।...पर एक बार सोचकर देख तो सही कि अब्बाजान तुझे कितना प्यार करते थे! यह उनका प्यार ही था कि तू दुश्मनों के हाथों पड़े, उससे बेहतर समझा उन्होंने तुझे नदी में अपने हाथों फेंक देना। अब्बा की दी हुई मौत से इस ज़िन्दगी को ज़्यादा प्यारी मत मान। तू अगर अब्बा की मौत का बदला ले सकी, तभी इस ज़िन्दगी का कोई मतलब है।

अमीना : कैसे समझाऊँ तुमको बहन...अच्छा सुन, थोड़ा इन्तज़ार कर। मैं घर के काम

निबटा लूँ। खाना पका लूँ, नहीं तो मेरे बूढ़े मछुआरे बाबा को भूखे पेट जाना पड़ेगा।

(अमीना आँगन से बाहर निकलती है। जुलेखा बैठी रहती है। उस पर प्रकाश क्षीण होता है और मंच का दूसरा भाग दीप्त होता है। दालिया 'तिन्नी-तिन्नी' पुकारते-गाते हुए प्रवेश करता है। गायन में कोरस उसका साथ देता है।)

दालिया : तिन्नी-तिन्नी, तिन्नी-तिन्नी
कहाँ हो तिन्नी
मेरी तिन्नी
तिन्नी-तिन्नी, तिन्नी-तिन्नी

(दालिया आँगन में प्रवेश करता है। उसकी ओर जुलेखा की पीठ है। वह दबे पाँव अपनी हथेलियों से जुलेखा की आँखें बन्द करता है। जुलेखा चौंक कर खड़ी हो जाती है।)

जुलेखा : कौन?...कौन हो तुम?

दालिया : तुम तो तिन्नी नहीं हो।

जुलेखा : कौन तिन्नी?

दालिया : तिन्नी...मेरी तिन्नी...अच्छी तिन्नी

जुलेखा : तिन्नी!

दालिया : हाँ, तिन्नी...पर तुम तिन्नी नहीं हो।...फिर तुम तिन्नी जैसी क्यों लग रही हो?...और तुम तिन्नी की जगह क्यों बैठी थी?

जुलेखा : कौन हो तुम?...और किस तिन्नी को खोज रहे हो?

दालिया : तुम मुझे नहीं पहचानती...तिन्नी मुझे जानती है। बहुत अच्छी है मेरी तिन्नी।...कहाँ है तिन्नी?

(दालिया फिर सस्वर 'तिन्नी तिन्नी' पुकारते हुए आँगन में चक्कर लगाने लगता है। अमीना प्रवेश करती है।)

अमीना : दालिया!...दालिया!...क्यों शोर मचा रहे हो?

दालिया : तिन्नी, मैं तो तुम्हें खोज रहा हूँ।...मैंने शोर नहीं...

अमीना : तुम आजकल बहुत उछल-कूद करने लगे हो। कोई काम ठीक से करते नहीं हो

और...*(जुलेखा से)* बहन, इसने कोई शैतानी की क्या?...बुरा मत मानना। यह दालिया है। इसे तुम आदमी नहीं, वन का हिरन समझो। पल भर भी चैन से नहीं रहता। जब देखो, उछलता-कूदता रहता है। नदी पार के जंगल के बीच बसे गाँव में रहता है। जंगल में रहता है, सो इसे जंगली ही समझो।...इसने कोई बेअदबी तो नहीं की? अगर की होगी तो मैं इसे फटकारूँगी।...*(दालिया से)*...क्या किया तुमने?...बोलो...दालिया बताओ, क्या किया तुमने?

दालिया : कुछ नहीं।...बस इसकी आँखें बन्द कर ली थीं। मैंने सोचा था तिन्नी होगी।...वैसे ही बन्द की थीं, जैसे हर रोज़ तुम्हारी आँखें बन्द करता हूँ।...पर ये तो तिन्नी नहीं थी। अब इसमें भला मेरी क्या गलती?

अमीना : चुप करो दालिया।...चुप। फिर छोटा मुँह बड़ी बात!...भला तुमने कब तिन्नी की आँखें बन्द की हैं? बोलो?...झूठ नहीं बोलते दालिया। इतनी हिम्मत कहाँ है तुम्हारे पास!

दालिया : झूठ नहीं बोलता।...आँखें बन्द करने के लिए बहुत हिम्मत की ज़रूरत नहीं होती।... और फिर उस काम के लिए हिम्मत की क्या ज़रूरत जिसको रोज़-रोज़ करने की आदत हो।

अमीना : दालिया।

दालिया : ...पर तिन्नी, आज सचमुच मैं डर गया था।

अमीना : तुम सचमुच जंगली हो।...बिलकुल जंगली। तुम शाहज़ादी के सामने खड़े होने के लायक़ नहीं हो।...ये शाहज़ादी हैं। तुम्हें अपने साथ रखकर सिखाना ज़रूरी है।... चलो इधर आओ...आओ...इनके सामने खड़े हो जाओ...और पीछे...थोड़ा और... हाँ, अब ठीक है।...और इस तरह सलाम करो।

(अमीना ख़ुद झुककर दालिया को सलाम करना सिखाती है। दालिया अनाड़ी की तरह सलाम करता है।)

ऐसे नहीं...ऐसे...चलो तीन क़दम पीछे हटो और फिर सलाम करो...हाँ, ऐसे ही

दालिया

तीन बार...और पीछे हटो...थोड़ा और पीछे...।

(दालिया पीछे की ओर खिसकता है और अमीना उसे छल से कोठरी में बन्द कर देती है।)

अब कुछ घर का काम करो। तुम तब तक इस कोठरी में बन्द रहोगे, जब तक चूल्हा नहीं सुलग जाता।...ठीक से जलाना आग। *(जुलेखा से)* बुरा मत मानना बहन... नाराज़ मत होना। यहाँ के लोग-बाग ऐसे ही हैं। मैं तो परेशान हो जाती हूँ।

जुलेखा : अमीना, मैं ये सब देख-सुन कर बेहद हैरान हूँ। मैं ख़्वाब में भी नहीं सोच सकती कि कोई बाहरी नौजवान आकर ऐसी हरकतें करेगा,...तुम्हारा बदन छूने की हिम्मत करेगा। अमीना, तुम शाहज़ादी हो, यह भूल गईं।...तुम भूल गईं कि...

अमीना : मेरी बहन, मैं कुछ भी नहीं भूली। अगर किसी बादशाह या नवाब का बेटा ऐसा करता तो मैं उसकी गर्दन उतार लेती, पर यह यह भोला-भाला इंसान इस दुनिया के छल को नहीं जानता। यह जंगल के गाँव

में ज़रूर रहता है, पर वहशी जानवर नहीं। मैंने कहा न, दालिया तो हिरन है। तुमने देखा उसकी आँखों में...

जुलेखा : अब समझी मैं।

अमीना : ग़लत समझ रही हो तुम।

जुलेखा : सच कहना अमीना, तू जो कह रही थी कि ये दुनिया तुझे बड़ी अच्छी लग रही है, वह क्या इस जंगली नौजवान के चलते?...क्या यही है वो जिसके चलते तू अब्बा हुज़ूर की मौत के दर्द को भी भूल गई है?

अमीना : बहन, मैं भला अब्बा हुज़ूर की मौत को कैसे भूल सकती हूँ।...मैंने कहा न कि तुम ग़लत समझ रही हो।...दरअसल यह मेरी बड़ी मदद करता है। फल-फूल तोड़ देता है। शिकार कर लाता है। कोई काम हो तो बुलाने पर दौड़ा हुआ आता है। कई बार सोचती हूँ कि इसे फटकार दूँ, और कोशिश भी करती हूँ, पर मेरी यह कोशिश बेकार हो जाती है। मैं ख़ूब आँखें तरेर कर कहती हूँ, "दालिया, तुमसे मैं बहुत नाराज़ हूँ", और दालिया मेरे चेहरे की ओर एकटक निहारता रहता है। कभी

हैरत से, तो कभी रुआँसा होकर। कभी ख़ूब हँसता है। लगता है, इस देश का मज़ाक शायद ऐसा ही है। एक-दो चपत लगा दूँ, तो भी ख़ुश होता है। अब देखो न, अभी कमरे में बन्द है और बड़े मज़े में है। दरवाज़ा खोलूँगी तो देखूँगी कि आँखें और मुँह लाल किए हुए अपनी धुन में चूल्हे की आग फूँक रहा है।

जुलेखा : सच, अगर तेरा उससे कोई ऐसा-वैसा रिश्ता नहीं और अगर तू चाहे तो मैं इसे तौर-तरीक़े सिखा दूँ।

अमीना : तेरे पैर पड़ती हूँ बहन। ऐसा कुछ भी न करना। तुम उसे कुछ भी न कहना। बड़े शौक़ से पाला गया पालतू हिरन है दालिया। तुमसे डरकर कहीं और न भटक जाए।

मछुआरा : *(प्रवेश करते हुए।)* तिन्नी!...तिन्नी!... आज दालिया नहीं आया क्या?

अमीना : आया है बाबा।

मछुआरा : यह क्या अब यहीं रहेगी...?

अमीना : बाबा, मैंने बताया न कि बहन है मेरी। यह भी मेरे ही साथ नदी में...क़िस्मत की बात है कि यह भी मेरी तरह बच गई और उससे भी बड़ी बात कि हमारी

मुलाक़ात हो गई।...अब भला कहाँ जाएगी यह!

मछुआरा : चल अच्छा ही है। तेरा मन भी बहल जाएगा।...काम-काज में भी सहारा हो गया। तेरा हाथ बँटाएगी।

अमीना : बाबा, ये बड़ी है। ये क्यों काम करेगी। काम तो सारे मैं ही करूँगी।

मछुआरा : ठीक, जैसी तेरी मर्ज़ी...दालिया कहाँ गया?

अमीना : बाबा, आज उसने बड़ा हंगामा मचाया है, इसलिए उसे कमरे में बन्द कर रखा है।

मछुआरा : बेटी, तू उसे ज़्यादा मत सताना। अगर वह थोड़ा परेशान करे तो भी सहती रहना। कच्ची उम्र है उसकी। इस उम्र में सब ऐसे ही नटखट होते हैं। तू उसे ज़्यादा डाँटा-फटकारा मत कर। देख, कल दालिया ने सोने की एक मुहर देकर तीन मछलियाँ ली थीं।

अमीना : मेरे बूढ़े बाबा, तुम फ़िक्र मत करो। आज मैं उससे दो सोने की मुहरें ऐंठूँगी और बदले में एक भी मछली नहीं देनी होगी।

मछुआरा : ला जाल दे...नदी जाऊँगा।

अमीना : बिना खाए?...थोड़ी देर रुको...खाना पका देती हूँ। खा लो फिर जाना।

मछुआरा : नहीं, जल्दी ही लौटूँगा। लौटकर ही खाऊँगा।

अमीना : बाबा।

मछुआरा : ला बेटी जाल दे। तू फ़िक्र मत कर...भूख नहीं है अभी।

(अमीना गाते हुए बच्ची की तरह लाड़ करती है और बूढ़े मछुआरे को रोकती है। दोनों के बीच रोकने और जाने का नाट्य चलता रहता है। जुलेखा पर से प्रकाश धीरे-धीरे सिमटता है और वह मंच से चली जाती है।)

अमीना : जाना-जाना बाबा जाना
छिन भर ठहरो फिर तुम जाना
जाल काँधे लिये ही जाना
मैंने अभी पकाया खाना
मैं तो बाबा की मछरिया
बाबा मछरी ढूँढ़े नदिया
नदिया में जाल डाला
जाल मछरी को बाँधा

दालिया

मैं तो डूब रही थी जल में
मुझको बाबा ने छाना
जाना-जाना बाबा जाना
छिन भर ठहरो फिर तुम जाना

(वह दालिया को आवाज़ देती है। कमरे का दरवाज़ा खोलती है। दालिया उछलता हुआ कमरे से बाहर आता है।)

दालिया!...दालिया!...तुम यहीं बैठो...बाबा के पास। देखो, तुम बाबा की निगरानी करो। मैं जब तक खाना न पका लूँ, बाबा को जाने नहीं देना।

(दालिया बूढ़े मछुआरे के सामने पहरेदार का नाट्य करता हुआ बैठ जाता है। अमीना कमरे के भीतर चली जाती है। मंच के दूसरे भाग में स्वप्निल प्रकाश फैलता है। जुलेखा खड़ी है। जुलेखा का गायन-स्वर उभरता है।)

जुलेखा : विदा हुआ दिन सूरज डूबा
हुई साँझ घर पाखी आए

मेरे पाहुन अब तो आओ
राह खड़ी हूँ नैन बिछाए
छलक-छलक नदिया बनती हूँ
सीपी-सी लहरों तिरती हूँ
चाँद किरन तुम उतरो अब तो
मुझमें मोती-दाने भर दो
आवन-आवन की रट है अब
तुम आओ तो प्रान जुड़ाएँ

(गायन स्वर रुकता है। जुलेखा स्वगत सम्भाषण करती है।)

किसका इन्तज़ार कर रही हूँ मैं! किसकी राह निहार रही हूँ! अजीब है मेरा मन भी।...नदी में जैसे एक ओर धारा है और दूसरी ओर किनारा, ठीक वैसे ही मेरे भीतर है एक ओर मेरे मन की बेचैनी, तो दूसरी ओर लोक-लाज।...पर इस आराकान राज्य में कहाँ है कोई इस लायक़ जो मेरे मन की आवाज़ सुन सके! यहाँ तो केवल क़ुदरत का मौसम है, जो दरख़्तों पर फूल-फल ले आता है और यहाँ की इस 'नीला नदी' के जल को बरसात में उफान देता है, जाड़े में शफ़्फ़ाफ़ और गरमियों में कमज़ोर

कर देता है। यहाँ के पंछियों की आवाज़ में मेरे लिए कोई संदेशा नहीं...उस पार दक्खिन के गाँव से आनेवाली हवा कुछ आवाज़ें ज़रूर लाती है, पर मेरे लिए कोई कानाफूसी नहीं लाती। ढहे हुए क़िले पर जैसे जंगल उग आता है, वैसे ही वे सारी दीवारें ढहती जा रही हैं, जो मैंने अपने इर्द-गिर्द बना रखी थीं। और अब क़ुदरत उसका रूप-रंग बदल रही है।...अब मैं छुप-छुप कर अमीना और दालिया का मिलना-जुलना देखती हूँ और मेरी छाती के भीतर का मौसम बदल जाता है। जी करता है, देखती ही रहूँ। निहारती रहूँ एकटक दोनों को। मछुआरे की झोपड़ी में...ऐसी ग़रीबी और फटेहाली में...ऐसा सुख!...कलेजे के भीतर उतर जाए...रग-रग में बहने लगे...सिर से पाँव तक सराबोर कर दे, ऐसी ख़ुशी! अब तो मैं भी दालिया के न आने पर बेचैन हो जाती हूँ। इन्तज़ार करती हूँ उसका कि वो आए और अमीना...कई बार तो दोनों से चुहल करती हूँ और दोनों के मिलने में परेशानियाँ खड़ी करके मज़े लेती हूँ।...पर जब अब्बा हुज़ूर की याद आती है, कलेजा

चाक-चाक हो जाता है। एक बादशाह की बेटी हूँ मैं...शाहज़ादी हूँ मैं।...कैसे भूल जाऊँ कि मुझे अपने अब्बा के क़त्ल का बदला लेना है!...कहाँ,...किस नदी में डुबो दूँ...किस माटी में दफ़न कर दूँ बदले की इस आग को!

(सस्वर 'तिन्नी - तिन्नी' पुकारते हुए दालिया प्रवेश करता है। कोरस गायन में उसका साथ देता है।)

दालिया : तिन्नी - तिन्नी, तिन्नी - तिन्नी
तिन्नी - तिन्नी, तिन्नी - तिन्नी

(दालिया को आता देख जुलेखा क्षण भर के लिए ठिठकती है, पर तुरन्त अपने को नियंत्रित कर आगे बढ़ती है।)

जुलेखा : दालिया!...दालिया!...रुको। *(दालिया के क़रीब जाती है।)* दालिया, क्या तुम मेरा एक काम कर सकते हो?

दालिया : नहीं।

जुलेखा : क्यों?...नहीं क्यों?

दालिया : तुम मुझे बहुत सताती हो। तिन्नी से मिलने नहीं देती।

जुलेखा : अच्छा, अब नहीं सताऊँगी। अब करोगे मेरा काम?

दालिया : हाँ,...बोलो...काम बताओ।

जुलेखा : दालिया, तुम मुझे यहाँ के राजा को दिखा सकते हो?

दालिया : दिखा सकता हूँ। पर किसलिए,...पहले बताओ तो?

जुलेखा : मेरे पास एक कटार है। मैं ये कटार उसकी छाती में उतार देना चाहती हूँ।

दालिया : सच!

जुलेखा : हाँ, सच।

दालिया : अरे! बहुत मज़ा आएगा। राजा की छाती में कटार...! राजा की छाती में कटार...

अमीना : *(प्रवेश करती है।)* दालिया!...दालिया...तुम फिर शोर मचा रहे हो।...क्या हंगामा खड़ा कर रखा है?...

जुलेखा : तुम्हारा वन-हिरन यह सुनकर ख़ुश हो रहा है कि मैं अपनी कटार यहाँ के राजा की छाती में उतारने वाली हूँ। ये मुझे राजा को दिखाने ले जाएगा। और मैं राजा की छाती में...

अमीना : बहन, तुम इससे क्यों ऐसी बातें करती हो?...तुम जानती हो यह भोला है,...नासमझ

है। इसे क्या मालूम कौन सी बात कैसे करते हैं!...

(जुलेखा बिना कुछ बोले तेज़ क़दमों से बाहर चली जाती है। अमीना उसका जाना देखती रहती है। फिर दालिया की बाँह पकड़ उसे आँगन के वृक्ष के नीचे ले जाती है। पृष्ठभूमि में मधुर वाद्य संगीत आरम्भ होता है।)

अमीना : दालिया, तुम बहुत भोले हो। इतने भोले हो कि...मैं नहीं जानती कि तुम कुछ समझते हो कि नहीं...! कभी समझ भी सकोगे या नहीं! मैंने बहुत दुःख देखा है दालिया। मैंने मौत को बिलकुल क़रीब से देखा है। मैं मौत से नहीं डरती, पर ज़िन्दगी से प्यार ज़रूर करती हूँ।...अच्छा एक बात बताओ, तुम क्यों आते हो मेरे पास?

दालिया : तुम मुझे अच्छी लगती हो...सोन मछरी जैसी प्यारी।

अमीना : बुद्धू! मैं तुम्हें मछरी दिखती हूँ?...लोग तो मछरी को जाल में फँसाकर नदी से

बाहर निकाल लेते हैं और वह नदी के जल से बाहर आते ही मर जाती है। फिर उसे पकाकर खा जाते हैं।

दालिया : नहीं-नहीं...तुम इस कैलू के फूलों-सी सुन्दर हो...फूल हो तुम।

अमीना : फिर बुद्धू...फूल तो झड़ कर ज़मीन पर गिर जाते हैं। देखो तो कितने फूल नीचे गिरे हुए हैं।

दालिया : फिर तुम हिरनी हो।...तुम मुझे हिरन कहती हो न!...मैं हिरन, तो तुम हिरनी।

(स्वप्निल प्रकाश चारों ओर फैल जाता है। दालिया का हाथ पकड़े अमीना गाती है।)

अमीना : मैं हिरनी मोरा राजा हिरनवा
सोने की नैया में सेज सजाया
सोए न राजा हो भागे जंगलवा
मैं हिरनी मोरा राजा हिरनवा

(स्वप्निल प्रकाश तीव्र होता है और अमीना एक प्रकाशवृत्त में नृत्य की भंगिमाओं के साथ दालिया से संवाद करती है।)

दालिया

तुम मेरी क़िस्मत हो दालिया।...प्यार हो मेरे। मेरी इस नई ज़िन्दगी की उम्मीद हो। तुम्हारे होने ने मेरी ज़िन्दगी को नए मायने दिए हैं।...बूढ़े मछुआरे बाबा ने मेरी जान बचाई और तुमने मुझे अब तक ज़िन्दा रहने का सबब दिया।...मैं साँझ होते ही तुम्हारे लिए सजना-सँवरना चाहती हूँ।...चाहती हूँ कैलू के इन लाल फूलों को अपनी चोटी में गूँथना...मछरी की आँख से काजल चुराकर अपनी आँखों को आँजना।...नदी की रेत से सीपियों को चुन, उनका कंठहार बना पहनना चाहती हूँ।...चाहती हूँ कि जब सूरज डूबने लगे,...डूबते सूरज की ललछौंही रोशनी से नदी नहा उठे,...तुम फूलों से सजे सोने के बड़े बजरे पर सवार होकर नदी किनारे उतरो।...नदी की गीली रेत पर बने तुम्हारे पाँवों के निशान मूँगों-मोतियों की तरह चमक उठें। अपराजिता के फूलों-लताओं से सजे अपने सुहागघर के दरवाज़े पर मैं तुम्हारा इन्तज़ार करना चाहती हूँ-अगरु की गन्ध से मह-मह करती देह लिये।...पर हाय! मैं अभागन भी हूँ। ऐसी अभागन, जो चाहकर भी उसकी नहीं हो सकती, जिसे

वह चाहती है।...जाने क्या हो जाता है!... जाने कब सूरज डूब जाता है!...अँधेरी रात का सन्नाटा भर जाता है। जाने कैसे मौत की बेहोशी जैसी गहरी नींद आ जाती है।...कैसा पागलपन!...कैसी बदनसीबी कि पुराने दिनों का दुख हाहाकार बन छा जाता है मेरी ज़िन्दगी में!...मेरे दालिया!...मेरे हिरन...मेरे पाहुन!...कैसे पाऊँ तुम्हें?

(गायन-स्वर उभरता है। युवक गाते हुए मंच पर आता है।)

युवक : पाशे ऐसे बसेछिल, तबु जागिनि?
की घूम तोरे पेयेछिल, हतभागिनि?
जेगे देखि दखिन-हओया पागल करिया।
गन्ध ताहार भेसे बेड़ाय आँधार भरिया।
केन आमार रजनी याय,
काछे पेछे काछे ना पाय।

(युवक मंच से चला जाता है। मंच के एक भाग में प्रकाश उभरता है। बूढ़ा मछुआरा एक राजदूत के सामने खड़ा थर-थर काँप रहा है।)

राजदूत : यह तुम्हारी झोपड़ी है मछुआरे?

मछुआरा : हाँ सरकार।

राजदूत : तुम्हारी छोटी बेटी का क्या नाम है?

मछुआरा : तिन्नी...तिन्नी नाम है माई-बाप।

राजदूत : मछुआरे, तुम्हारी बेटी...तिन्नी अब राजवधू बनेगी। राजमहल में रहेगी अब वह।

मछुआरा : मैं कुछ समझा नहीं माई-बाप।

राजदूत : नासमझ।...हमारे राजकुमार, जो महाराज के निधन के बाद हमारे नए राजा हैं, उन्होंने तुम्हारी बेटी को अपनी रानी बनाने के लिए चुना है। वे उस पर मुग्ध हैं।

मछुआरा : धन्य भाग्य मेरे!...मेरा जीवन धन्य हुआ।

राजदूत : हाँ बूढ़े, तेरे भाग्य का सूरज चमक उठा है। जा, आनन्द मना। अब तू राजकुल का सम्बन्धी बन जाएगा। तीन दिनों बाद राज्य के सेवक आएँगे। अश्वारोही आएँगे... पदातिक होंगे...स्वर्णमंडित शिविकाएँ होंगी...नदी मार्ग से भी विशाल नौकाओं पर राज्य के ढेरों अधिकारी-कर्मचारी तेरी बेटी को अपने राजा के लिए विदा कराने आएँगे। दोनों बेटियों को तैयार रखना। तेरी बड़ी बेटी भी अब राजमहल में ही रहेगी।

मछुआरा : और मैं?...मैं कहाँ रहूँगा?

राजदूत : तुझे कैसी चिन्ता?...तू तो अब राजकुल का सम्बन्धी हो गया।

(राजदूत चला जाता है। मछुआरा प्रसन्नता के मारे पागल हो रहा है। वह 'तिन्नी-तिन्नी' पुकारते हुए मंच से चला जाता है। मंच पर दूसरा प्रकाशवृत्त उभरता है। जुलेखा खड़ी है। उसके सामने चेहरा ढँके एक दूत खड़ा है।)

दूत : मुझे रहमत शेख़ ने भेजा है। यह है मेरी निशानी। *(वह अँगूठी दिखाता है।)*...राजा अमीना से शादी कर रहा है। उसने जबसे अमीना को देखा है, दीवाना हो गया है। तीन दिनों बाद राजा के लोग आप दोनों बहनों को ले जाने आएँगे। यह सुनहरा मौक़ा है कि राजा से बदला लिया जाए।...इस ख़त में सबकुछ लिखा है कि कैसे क्या करना है।...होशियारी से...ताकि किसी को शक-ओ-शुबहा न हो।...

(दूत चला जाता है। प्रकाश सिमटता है। समूह-स्वर में गायन आरम्भ होता है। बीच में दालिया प्रवेश करता है।)

समूह-स्वर : तिन्नी – तिन्नी, तिन्नी – तिन्नी
तिन्नी – तिन्नी, तिन्नी – तिन्नी

दालिया : तिन्नी – तिन्नी, तिन्नी – तिन्नी
कहाँ हो तिन्नी? मेरी तिन्नी
तिन्नी – तिन्नी, तिन्नी – तिन्नी

(मंच के एक ओर से अमीना और दूसरी ओर से जुलेखा प्रवेश करती है।)

अमीना : दालिया! कहाँ रहे इतनी देर तुम?...आजकल आने में बहुत देर करते हो तुम।

जुलेखा : अमीना! बन्द करो अब ये खेल। बहुत हुआ। ज़िन्दगी के असली मक़सद को पूरा करने का वक़्त आ गया है। तुम्हें अब अपना फ़र्ज़ निबाहना है।

अमीना : जानते हो दालिया, अब मैं राजवधू बनने जा रही हूँ...आराकान के राजा की रानी बनूँगी। अब मैं यहाँ, बूढ़े मछुआरे बाबा की इस झोपड़ी में नहीं, राजमहल में रहूँगी।

दालिया : मैं भी चलूँगा तुम्हारे साथ। वहीं, राजमहल में ही रहूँगा।

अमीना : तुम क्या करोगे वहाँ जाकर!...मैं तो जा रही हूँ राजा की छाती में कटार भोंकने।

दालिया : तब तो वहाँ अधिक दिन नहीं रहोगी...।

अमीना : सचमुच तू वन का हिरन है दालिया। तुझे आदमी समझना पागलपन ही है।...दालिया, पर क्या मैं राजा को मारकर लौट सकूँगी वापस?...

दालिया : नहीं।...लौटना तो कठिन है। तुम्हें राजा ने मार डाला तब?

अमीना : पगले, जब मैं राजा को मार दूँगी...और वह ज़िन्दा ही नहीं रहेगा, तो मुझे कैसे मारेगा?

दालिया : हाँ, सो तो है। फिर राजा के सिपाही मारेंगे तुम्हें।

अमीना : सिपाही मुझे कैसे मारेंगे?...मैं उनकी रानी जो रहूँगी।...भला अपनी रानी को वे क्यों मारेंगे!...दालिया, रानी बनते ही मैं सबसे पहले राजा के ख़िलाफ़ साज़िश में शामिल होने के अपराध में तुम्हें दंड दूँगी। उसके बाद जो करना होगा करूँगी।

दालिया : मुझे क्या दंड मिलेगा?

अमीना : अभी नहीं बताती मैं।...इन्तज़ार करो दालिया...इन्तज़ार करो मेरे प्यारे दालिया। तुम्हें प्यारा सा दंड मिलेगा।

दालिया : *(मूर्ख की तरह ताली बजा कर नाचता और गाता है।)*

दंड मिलेगा दंड मिलेगा
दालिया को दंड मिलेगा
रानी बनेगी रानी बनेगी
मेरी तिन्नी रानी बनेगी

जुलेखा : दालिया! बन्द करो नाचना-गाना।

अमीना : बहन, क्यों उसे फटकारती हो!...वह जो कर रहा है, करने दो उसे। भोला है वह।... *(जुलेखा के निकट जाकर दृढ़ स्वर में)* बहन, मैं तैयार हूँ। हर हाल में अब्बा हुज़ूर की मौत का बदला लेने की तुम्हारी चाहत पूरी होगी। तुम फ़िक्र मत करो। कटार दो मुझे।

(तीव्र संगीत के साथ मंच पर अँधेरा और फिर अचानक तीव्र प्रकाश। युवक का प्रवेश।)

युवक : राजा के हरकारे आए,...धूम मचाते आए सब। कहार आए,...डोली आई...हाथी आए, ...घोड़े आए...हाकिम आए...चाकर आए।

ओरे दुयार खुले दे रे
बाजा, शंख बाजा
वज्र डाके शून्य तले
विद्युतेरि झिलिक झले

छिन्न शयन टेने एने
आडिना तोर साजा

अरे! खोल दे द्वार...बजा, शंख बजा।...हर दिशा में आँधी...आकाश में वज्र-निनाद... बिजली की चमक...खींच ला फटा हुआ बिछावन और सजा दे आँगन...।...पर धरी की धरी रह गईं सारी तैयारियाँ...सब आए, पर वो नहीं आया जिसका इन्तज़ार था। वृक्ष की डाल से बिछुड़कर पुष्प की तरह कहीं मुरझा तो नहीं गया वह!...या रेत के टीलों के बीच नदी की धारा की तरह लुप्त हो गया!...कहाँ गया वह वन हिरन?... जाकर किस गुफा में छिप गया?...

(युवक चला जाता है। मंच पर प्रकाश क्षीण होता है । दुल्हन की तरह शृंगार किए अमीना मंच पर आती है। मंच पर जुलेखा और बूढ़ा मछुआरा भी हैं। अमीना गाती है।)

अमीना : सुरति सुहागिन विरहिन भटके
केहि विधि पाए कंत हो
राह निहारत दो दिन बीते
काहे न आए कंत हो

दालिया

(जुलेखा से) बहन, दालिया नहीं आया।
जाने क्यों नहीं आया! कल नहीं आया,
...आज भी नहीं आया।
कौन नदी ने राह रोकी
कौन वन ने लिया बिलमाय
केहि विधि पाऊँ कंत हो
(मछुआरे से) बाबा,...बाबा, कहाँ है दालिया?...क्यों नहीं आया अब तक? ...बाबा, ये लो मेरी अँगूठी,...मेरी निशानी। इसे दालिया को दे देना। कहना, इसे सँभालकर रखेगा। यह मेरी निशानी है उसके लिए।...

(मंच पर पालकी आती है। अमीना पालकी में सवार होती है। दोनों चली जाती हैं। बूढ़ा मछुआरा मंच पर अकेला छूट जाता है। धीरे-धीरे प्रकाश सिमटता है। समूह-स्वर में गायन आरम्भ होता है। राजमहल का दृश्य। राजा अपनी नई रानी की प्रतीक्षा कर रहा है। उसके ऊपर प्रकाश धीमा है।)

समूह-स्वर : सब मिलि गावहु मंगल गान

दालिया

आज बजावहु मंगल तान
पलक बिछावहु
पाँव पखारहु
दुल्हिन आई राजा द्वार
राजमहल में उतरा चाँद
बरसे सोना
बरसे रूपा
रानी अजगुत रूप अनूपा
राजमहल में उतरा चाँद
दुल्हिन आई राजा द्वार
सब मिलि गावहु मंगल गान
आज बजावहु मंगल तान

(गायन चलता रहता है। अमीना और जुलेखा मंच पर प्रवेश करती हैं। राजा नेपथ्य की ओर मुँह किए खड़ा है। उसके संकेत पर गायन बन्द हो जाता है।)

राजा : आराकान राज्य की भावी रानी, स्वागत है।...हे सुन्दरी!...मेरे निकट आओ। समूचा आराकान और आराकान का यह राजा तुम्हारी प्रतीक्षा कर रहा था। मैं और यह पूरा राज्य तुम्हारे स्वागत के लिए बेचैन

है।...आओ मेरे पास...मेरे पास आओ सुन्दरी।

(अमीना और जुलेखा एक-दूसरे को देखती हैं। दोनों के चेहरे पर कठोर भाव हैं। दोनों गले मिलती हैं। अमीना राजा की ओर आगे बढ़ती है। उसके बिलकुल पास जाकर खड़ी होती है। कटार निकालती है। मारना चाहती है कि राजा मुड़ता है। राजा के वेश में दालिया को देखकर दोनों चकित हैं। जुलेखा चीख़ पड़ती है– 'दालिया'। अमीना मूर्च्छित होती है। दालिया मूर्च्छित अमीना को अपनी बाँहों में भर लेता है और गाने लगता है।)

दालिया : तिन्नी – तिन्नी, तिन्नी – तिन्नी
मेरी तिन्नी।
तिन्नी – तिन्नी, तिन्नी – तिन्नी
मेरी तिन्नी।

(युवक प्रवेश करता है। उसके प्रवेश करते ही सब फ्रीज़ हो जाते हैं।)

युवक : कुछ फूल खिलने से पहले ही पृथ्वी पर झड़ जाते हैं...पर क्या सचमुच उनकी सुगन्ध नष्ट हो जाती है? कुछ नदियाँ मरुभूमि तक जाकर अपनी धारा खो देती हैं। पर क्या वे सचमुच नष्ट हो जाती हैं? जीवन में जो कुछ पीछे छूट गया, अधूरा रह गया, क्या वह व्यर्थ चला गया?...नहीं कुछ भी नहीं खोता।...कुछ भी व्यर्थ नहीं जाता।

ये फूल न फुटिते झरेछे धरणीते
ये नदी मरुपथे हारालो धारा।
जनि हे जानि ताओ हय नि हारा!
जीवन आजो याहा रयेछे पिछे
जनि हे जानि ताओ हय नि मिछे।
जनि हे जानि ताओ हय नि हारा!

(युवक दोनों हाथ जोड़कर दर्शकों को प्रणाम करता है। पर्दा गिरता है।)

समाप्त

□□□